Impressum
Verlag: BABADADA GmbH, Nedderfeld 112 , 22529 Hamburg
Geschäftsführer / Verlagsleitung: Harald Hof
Druck: Books on Demand GmbH, In de Tarpen 42, 22848 Norderstedt

Imprint
Publisher: BABADADA GmbH, Nedderfeld 112 , 22529 Hamburg, Germany
Managing Director / Publishing direction: Harald Hof
Print: Books on Demand GmbH, In de Tarpen 42, 22848 Norderstedt

1

xikolo

學校

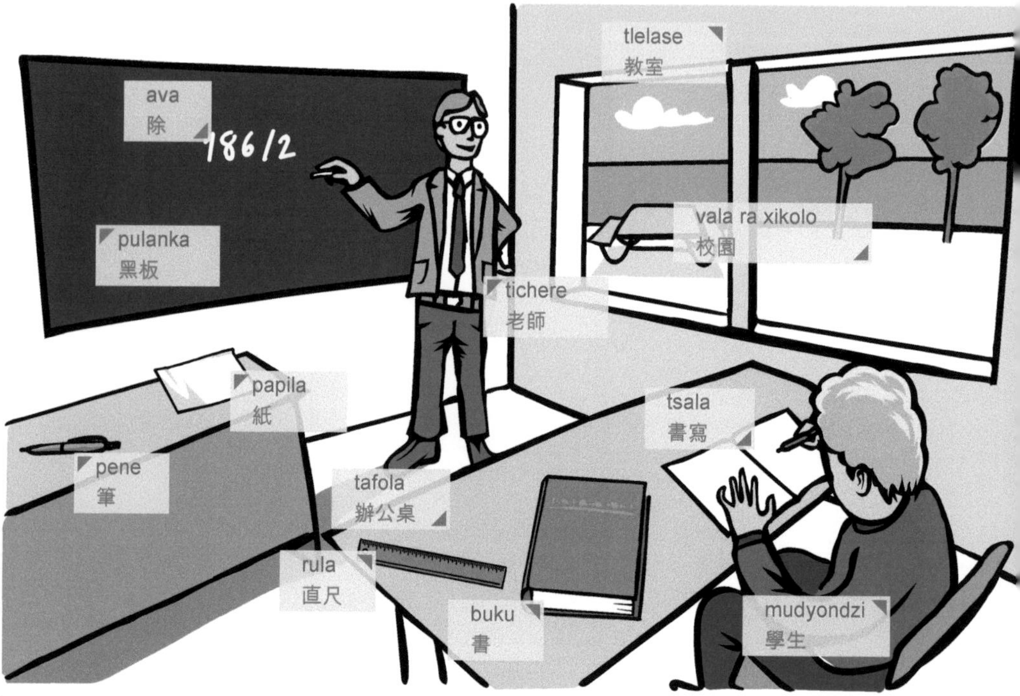

tlelase
教室
ava
除
186/2
pulanka
黑板
vala ra xikolo
校園
tichere
老師
papila
紙
tsala
書寫
pene
筆
tafola
辦公桌
rula
直尺
buku
書
mudyondzi
學生

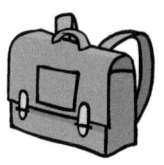

xinkwamana

書包

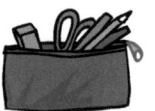

bokisi ra tipensele

鉛筆盒

pensele

鉛筆

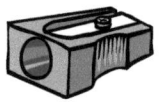

muchini wo vatla tipensele

削鉛筆機

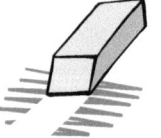

rhaba

橡皮擦

papilo ro dirowa

畫板

xifaniso lexi diroweke

圖畫

burachi ro penda

畫筆

bokisi ro penda

顏料盒

xikero

剪刀

xidamarheti

膠水

buku ya xikolo

練習冊

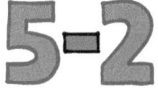

ntirho wa le kaya

家庭作業

nombhoro

數字

engeta

加

susa

減

andzisa

乘

hlaya

計算

letere

字母

maletere

字母表

rito

字

rungula

課文

hlaya

讀

choko

粉筆

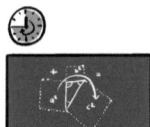

dyondzo

上課

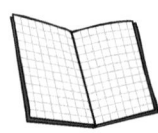

tsarisa

登記

xikambelo

考試

xitifiketi

證書

swiambalo swa xikolo

校服

dyondzo

教育

nsonga-vutivi

百科全書

univhesiti

大學

makhiriskopu

顯微鏡

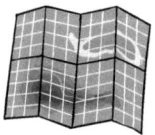

mepe

地圖

xikotela xo lahla maphepha

廢紙簍

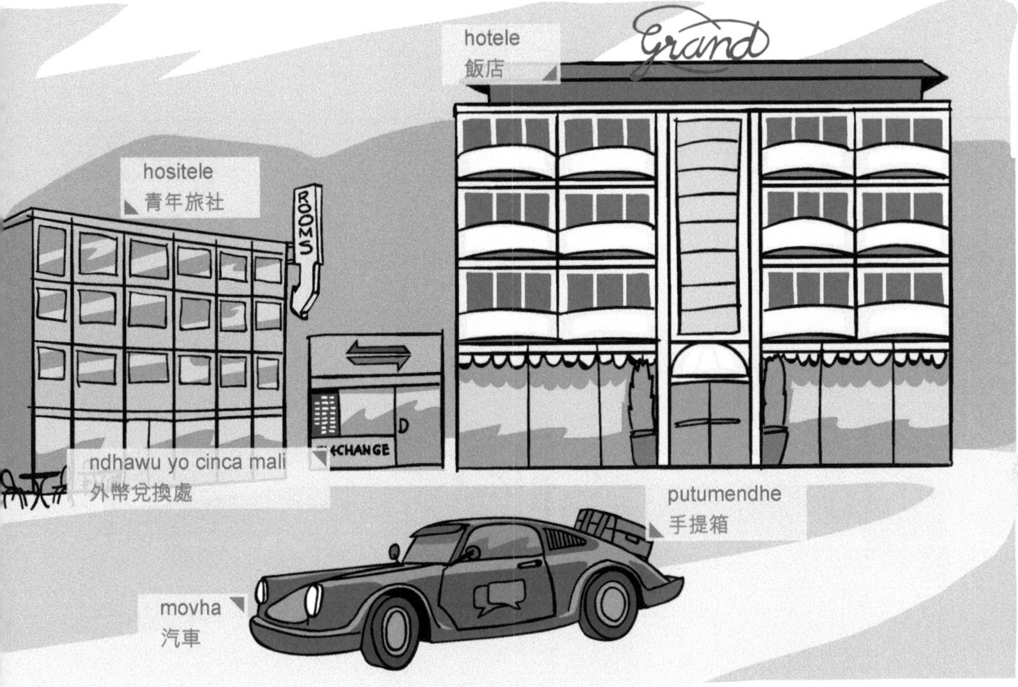

Grand
hotele
飯店
hositele
青年旅社
ROOMS
ndhawu yo cinca mali
外幣兌換處
putumendhe
手提箱
movha
汽車

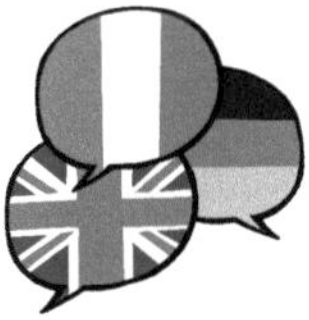

ririmi

語言

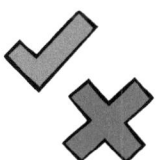

ina / e-e

是/否

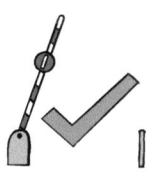

Swikahle

好的

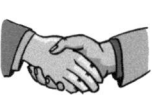

ahe

您好

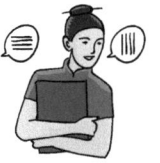

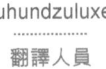

muhundzuluxeri

翻譯人員

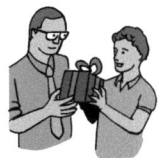

Ndza khensa

謝謝

ivungani...?

......多少錢？

Andzi twisisi

我不明白

nkinga

問題

Riperile!

晚上好！

Maxelo ya kahle!

早上好！

Vusiku bya kahle!

晚安！

sala kahle

再見

nkongomiso

方向

mindzhwalo

行李

nkwama

包

nkwama

背包

muendzi

客人

kamara

房間

nkwama wo etlela

睡袋

tende

帳篷

vuxokoxoko bya vaendzi

旅行資訊

ribuwa

海灘

khadi ra xikweleti

信用卡

xifihlulo

早餐

swakudya swa ninhlekani

午餐

swakudya swa nimadyambu

晚餐

thikithi

票

kheshe

電梯

xitempe

郵票

ndzilakana

邊界

mikhuva

海關

hovisi ya vuyimeri ya tiko

大使館

visa

簽證

pasi ro endza

護照

swilo swo famba

交通運送

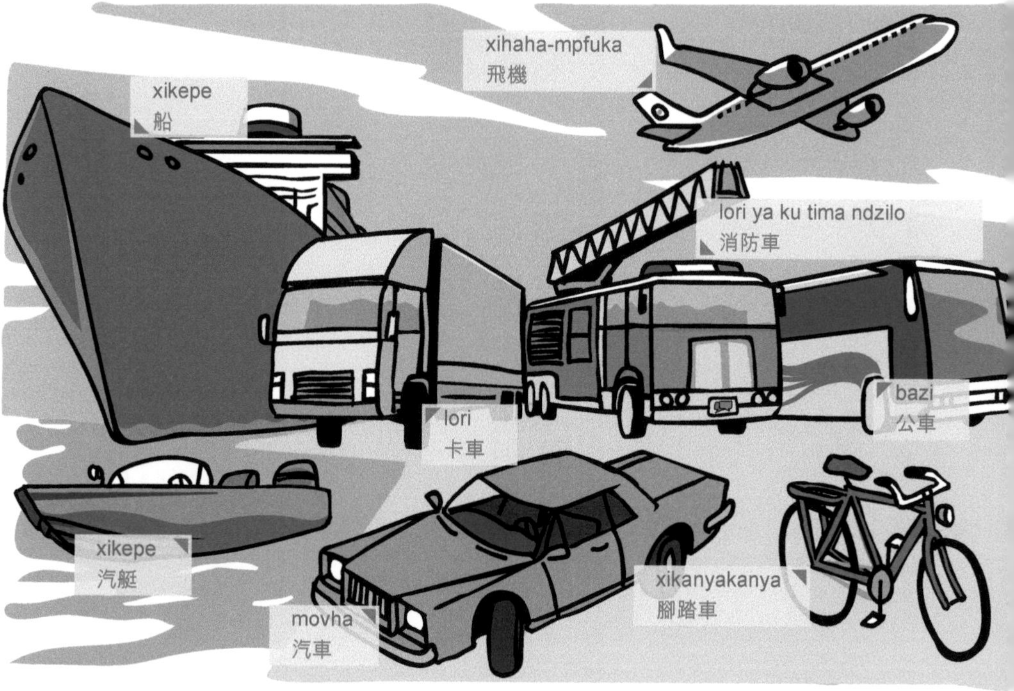
xikepe
船
xihaha-mpfuka
飛機
lori ya ku tima ndzilo
消防車
lori
卡車
bazi
公車
xikepe
汽艇
xikanyakanya
腳踏車
movha
汽車

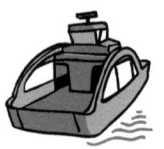

xikepe

渡輪

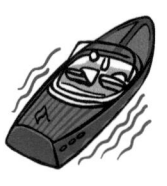

xikepe

小船

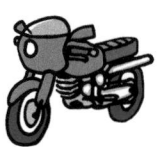

xithuthuthu

機車

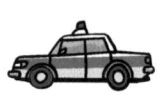

movha wa maphorisa

警車

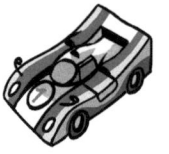

movha wa mphikizano

賽車

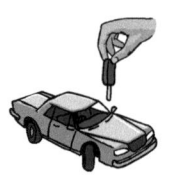

movha yo lombiwa

租車

ku avelana hi movha

拼車

lori yo koka timovha

拖車

lori yo rhwala chaka

垃圾車

njhini

馬達

mafurha

汽油

ndhawu yo xavisa petirolo

加油站

mpfungo wa le patwini

交通標識

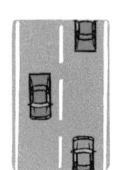

mafambelo ya mimovha

交通

ntlimbano wa timovha

交通堵塞

phaki ya timovha

停車場

xitichi xa xitimela

火車站

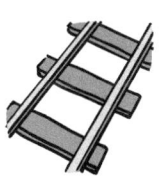

mintila

軌道

xitimela

火車

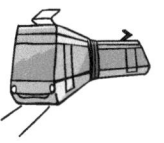

banzi leri fambaka
exiporweni

路面電車

kalichi

客車廂

xihaha-mpfuka-phatsa

直升機

rivala ra siwhaha-mpfuka

機場

xihondzo

塔

mukhandziyi

乘客

bokisi

集裝箱

bokisi

紙板箱

kalichi

手推車

xirhundzi

籃子

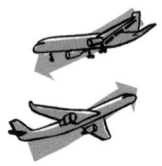

suka / tshama

起飛/降落

doroba

城市

muti

村莊

nkava wa doroba

市中心

yindlu

房子

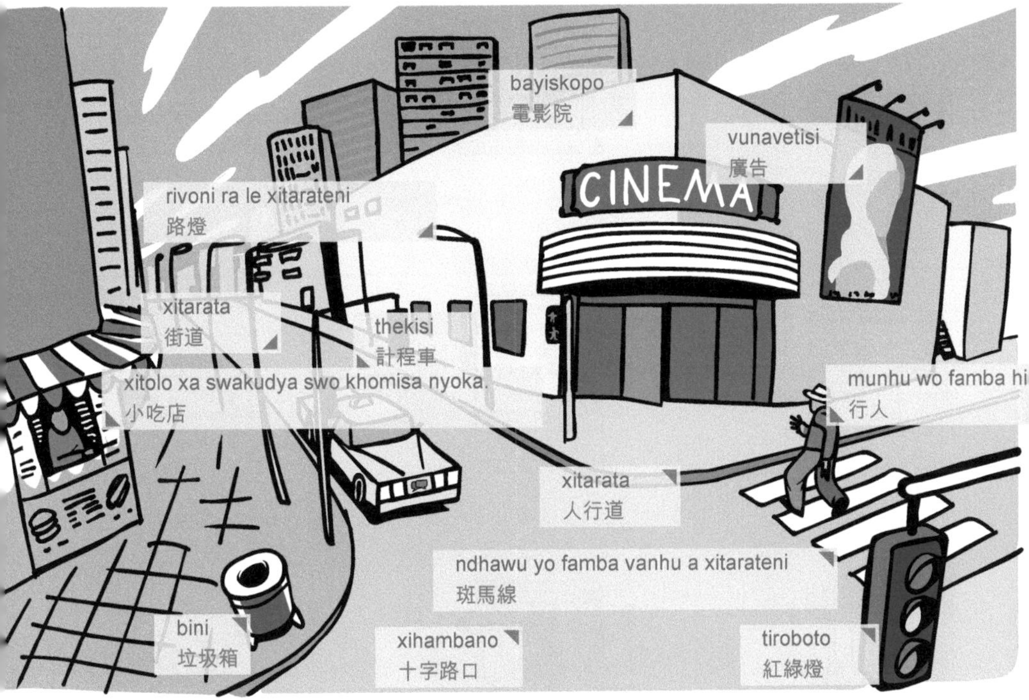

bayiskopo
電影院
vunavetisi
廣告
CINEMA
rivoni ra le xitarateni
路燈
xitarata
街道
thekisi
計程車
xitolo xa swakudya swo khomisa nyoka.
小吃店
munhu wo famba hi
行人
xitarata
人行道
ndhawu yo famba vanhu a xitarateni
斑馬線
bini
垃圾箱
xihambano
十字路口
tiroboto
紅綠燈

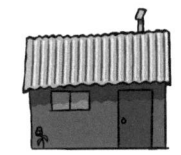

xiyindlwana xa byanyi

小屋

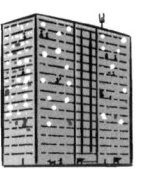

yindlu

公寓

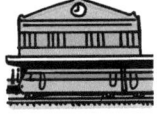

xitichi xa xitimela

火車站

holo ya vanhu

市政廳

MUSEUM

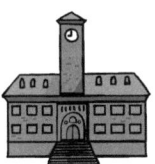

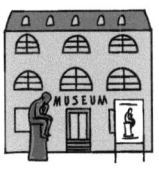

muziyamu

博物館

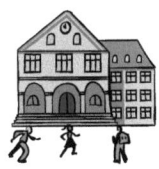

xikolo

學校

univhesiti

大學

bangi

銀行

xibedlhele

醫院

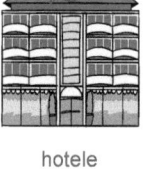

hotele

飯店

xitolo xa miri

藥房

hofisi

辦公室

xitolo xa tibuku

書店

xitolo

商店

xitolo xa swiluva

花店

xitolo le xikulu swinene

超市

makete

市場

xitolo le xikulu

百貨商店

xitolo xa tinhlampfi.

魚店

ndhawu ya switolo

購物中心

hlaluko

海港

phaka

公園

bence

長凳

buloho

橋

switepisi

樓梯

ehansi ka misava

捷運

muhocho

隧道

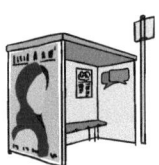

xitichi xa tibanzi

公車站

barha

酒吧

rhesiturente

餐館

bokisi ra poso

郵筒

mfungho wa xitarata

路標

muchini wa mali ya ku phaka

停車計時器

ntanga wa swiharhi

動物園

damu ro xambela

游泳池

mosque

清真寺

purasi

農場

nthyakiso

污染

masirha

墓地

kereke

教堂

rivala ra mintlangu

操場

tempele

寺廟

ndhawu
地形

tluka
樹葉

mfungho wa gondzo
指示牌

ndlela
路

byanyi byo tala
草地

ribye
石頭

murhi
樹

munhu wo khandziya tintshava
徒步旅行者

nambu
河

byanyi
草

xiluva
花

nkova

峽谷

xitsunga

丘陵

tiva

湖

khwati

森林

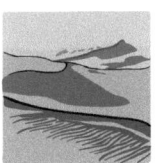

mananga

沙漠

volkheno

火山

ntsinda

城堡

nkwangulatilo

彩虹

swikowa

蘑菇

murhi wa nchindzu

棕櫚樹

nsuna

蚊子

haha

蒼蠅

vusokoti

螞蟻

nyoxi

蜜蜂

puma

蜘蛛

xifufunhunu

甲蟲

chele

青蛙

maxindyana

松鼠

nhloni

刺蝟

mfundla

野兔

xikhova

貓頭鷹

xinyenyane

鳥

sekwa

天鵝

ngluve ya nhova

野豬

mhunti

鹿

mhofu

麋鹿

damu

水壩

xipelupelu xa moya

風力發電機

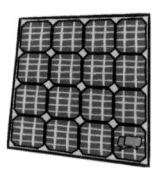

bodo leyi tswongaka kuhisa
ka dyambu

太陽能電池板

maxelo

氣候

muphameri
服務生

nxaxamelo wa swakudya
菜譜

xitulu
椅子

sopo
湯

pizza
披薩餅

swibya
餐具

lapi ra tafula
桌布

swakudya swa ku naveta

前菜

swakudya

主菜

swo rhelerisa

甜點

swakunwa

飲料

swakudya

食物

bodlhela

瓶子

swakudya swa xihatla

速食

swakudya swa le ndleleni

街邊小吃

mbita ya tiya

茶壺

xibye xa chukela

糖盒

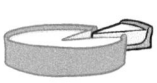

xiphemu

一份飯菜

muchini wa espresso

義式咖啡機

xitulu xa le henhla

高腳椅

swikweleti

帳單

thireyi

托盤

mukwana

刀

foroko

餐叉

lepula

勺子

xilepulana

茶匙

phepha ro sula nomu

餐巾

nghilazi

玻璃杯

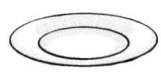

pleti

碟子

pleti ya sopo

湯盤

sosara

碟子

murhu

醬

xilo xo chele munyu

鹽瓶

xilo xo gaya

胡椒研磨罐

vhiniga

醋

mafurha

食用油

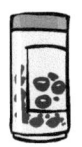

swinyunyeteri

調味料

ketchup

番茄醬

mustard

芥末

mayonasi

美乃滋

xitolo le xikulu swinene

超市

nyiko yo hlawuleka
特價
FOR
muxavi
顧客
ntsamba
乳製品
mihandzu
水果
xikocikara
購物車

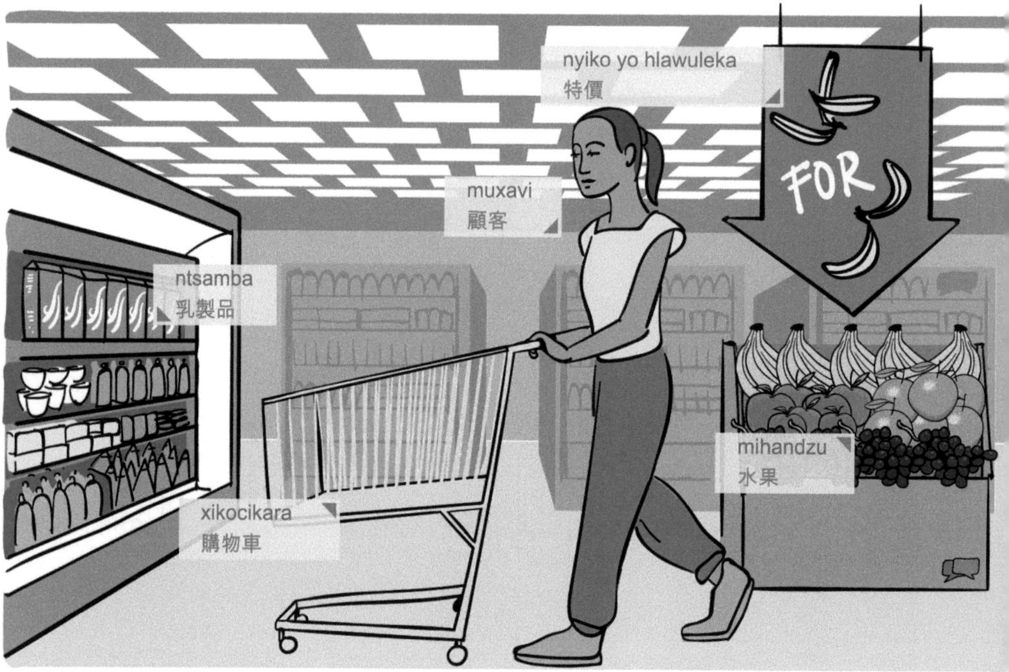

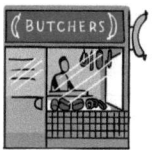

BUTCHERS

buchara

肉鋪

BAKERY

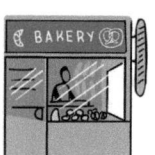

bekari

麵包店

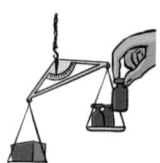

ringanyeta

稱重

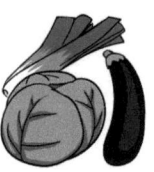

swimila

蔬菜

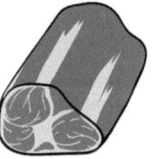

nyama

肉

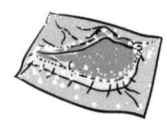

swakudya swo titimela

冷凍食品

nyama

冷盤

swakudya leswi nga thinini

罐頭食品

mapa yo hlanswa

洗衣粉

malekere

甜食

switirhisiwa swa le ndlwini

日用品

swilo swo basisa

清潔用品

munhu wo xavisa

銷售員

thili

收銀機

muamukeli wa timali

收銀員

xaxamelo wa swo xaviwa

購物清單

nkarhi wa ku tirha

開放時間

nkwama wa mali

錢包

khadi ra xikweleti

信用卡

nkwama

袋子

nkwama wa pulasitiki

塑膠袋

mati

水

ntsutsu

果汁

meleke

牛奶

coke

可樂

vhinyo

紅酒

byalwa

啤酒

byala

酒

cocoa

可可

tiya

茶

kofi

咖啡

espresso

義式濃縮咖啡

cappuccino

卡布奇諾

banana

香蕉

apula

蘋果

lamula

柳丁

kalabatla

西瓜

swiri

檸檬

kherotsi

胡蘿蔔

swinyalana

大蒜

musengele

竹子

nyala

洋蔥

swikowa

蘑菇

timanga

堅果

makaroni ya nyama

麵條

spaghetti

義大利麵

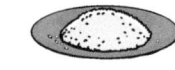

rhayisi

米飯

saladi

沙拉

machipisi

薯條

nhlata wo katingiwa

炸馬鈴薯

pizza

披薩餅

hamburger

漢堡

xinkwa

三明治

cutlet

炸豬排

ham

火腿

salami

義大利臘腸

soseji

香腸

huku

雞肉

katinga

烤肉

hlampfi

魚

oats

燕麥片

muesli

木斯里

rivele-ndzoho

玉米片

filawa

麵粉

bantsi

牛角麵包

xinkwa

麵包捲

xinkwa

麵包

xinkwa xo oxiwa

吐司

makokisi

餅乾

botere

奶油

ribomba ra tswamba

凝乳

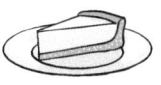

khekhe

蛋糕

tandza

蛋

matandza lama katingiweke

煎蛋

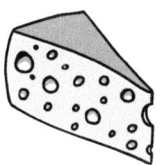

chizi

起司

ayisi khrimi

冰淇淋

chukela

糖

vulombe

蜂蜜

jamu

果醬

botere ya chokoleti

巧克力醬

curry

咖哩

purasi
農場

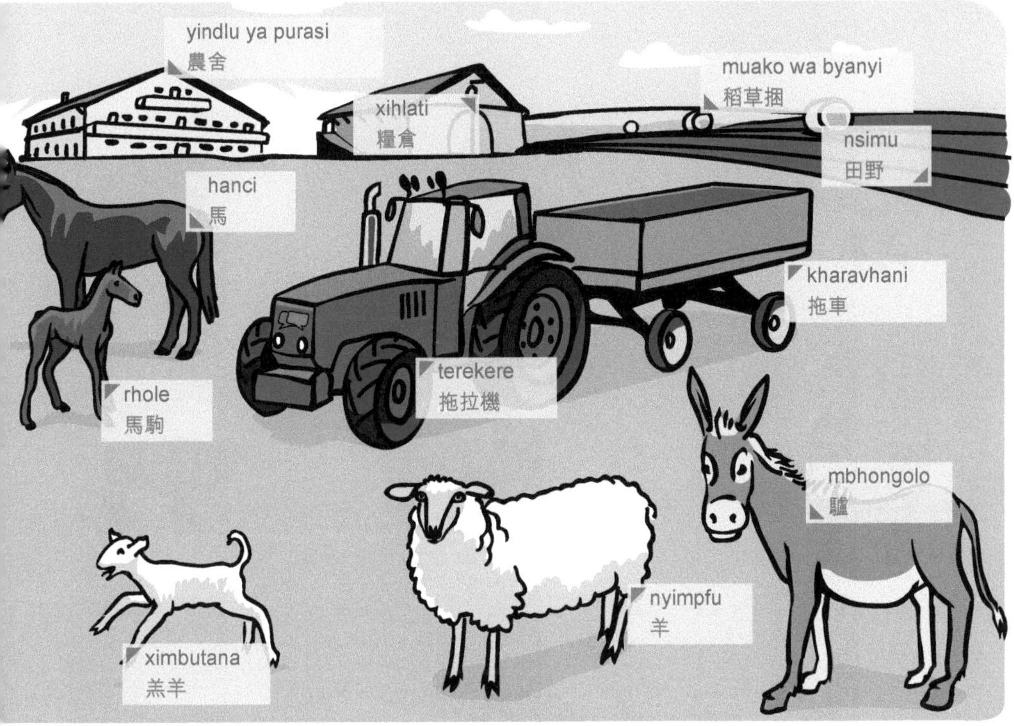

yindlu ya purasi
農舍
xihlati
糧倉
muako wa byanyi
稻草捆
nsimu
田野
hanci
馬
kharavhani
拖車
terekere
拖拉機
rhole
馬駒
mbhongolo
驢
nyimpfu
羊
ximbutana
羔羊

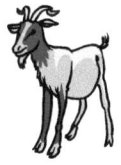

mhunti
山羊

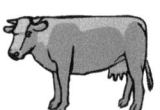

homu
奶牛

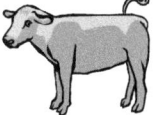

rhole
小牛

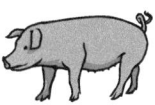

nguluve
豬

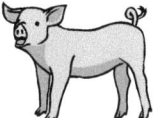

xingulubyana
小豬

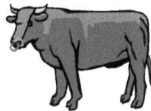

nkuzi
公牛

sekwa

鵝

sweka

鴨

xikukwana

小雞

mbhaha

母雞

nkuku

公雞

kondlo

鼠

ximanga

貓

kondlo

老鼠

homu

牛

mbyana

狗

yindlu ya mbyana

狗屋

payipi ya mati

花園澆水軟管

xilo xo chelela mati

澆水壺

nsimbi yo tsema

長柄大鐮刀

xikomu

犁

sikele

鐮刀

xikomu

鋤頭

foroko le yikulu

長柄草耙

xihloka

斧頭

bara

獨輪手推車

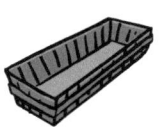

xitsengele

飼料槽

xilo xo chela ntswamba

牛奶罐

saka

麻布袋

rirhangu

柵欄

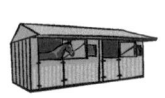

xivala

馬廄

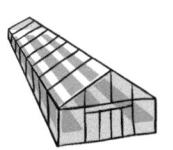

yindlu ya vuhlayiselo bya
swimilana

溫室

misava

土壤

mbewu

種子

swinonisi

肥料

muchini wa ku tshovela

聯合收割機

tshovela

收割

ntshovelo

收割

mintsumbula

地瓜

koroni

小麥

tinyawa

大豆

nhlata

土豆

koroni

玉米

rapeseed

油菜籽

nsinya wa mihandzu

果樹

ntsumbula

樹薯

swakudya swa tidzoho

穀物

yindlu
房子

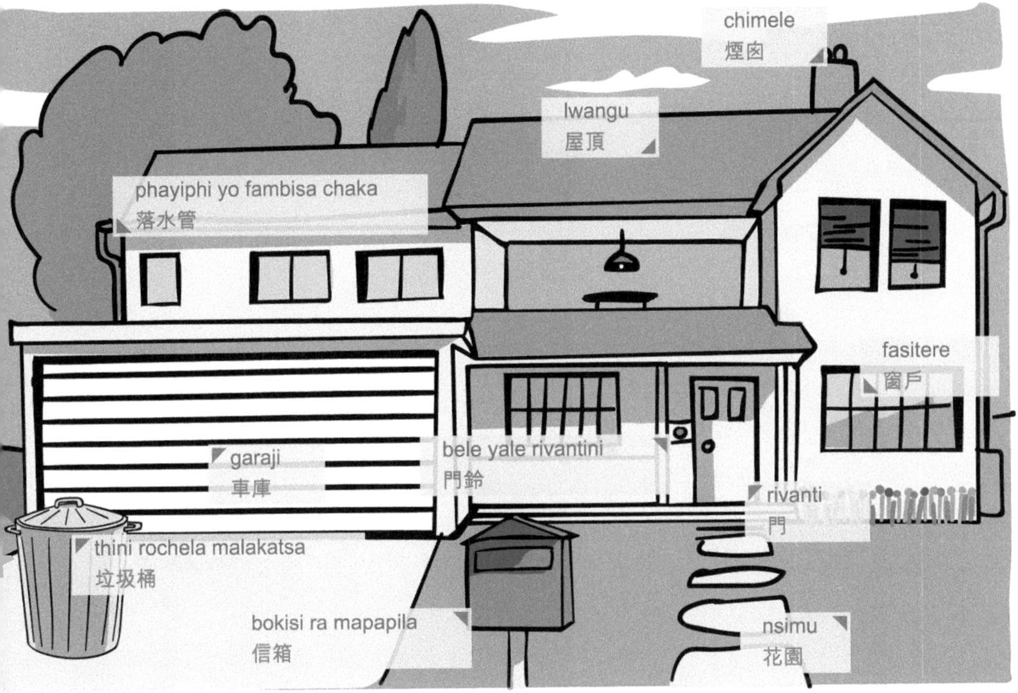
chimele
煙囪
lwangu
屋頂
phayiphi yo fambisa chaka
落水管
fasitere
窗戶
garaji
車庫
bele yale rivantini
門鈴
rivanti
門
thini rochela malakatsa
垃圾桶
bokisi ra mapapila
信箱
nsimu
花園

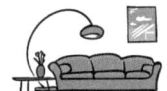

kamara ro tshama

客廳

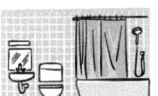

kamara yo hlambela

浴室

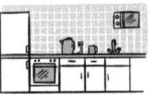

khishini

廚房

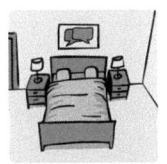

kamera ro etlela

臥室

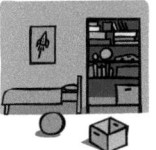

kamana ya vana

兒童房

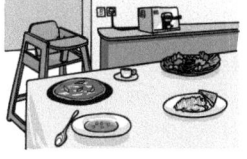

ndhawu yo dyela

餐廳

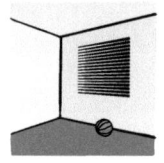

ehansi

地板

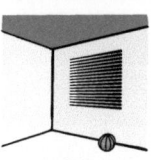

khumbi

牆壁

silingi

天花板

kamera ra le hansi

地窖

phungula

三溫暖

rikupakupa

陽臺

tshala

露臺

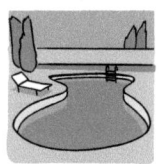

damu

游泳池

muchini wo tsema byanyi

割草機

nkumba

被單

swo andlalela mubedo

床罩

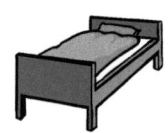

mubedo

床

nkukulu

掃帚

bakiti

水桶

swichi

開關

kamara ro tshama
客廳

phepha ra le khumbini
壁紙
xifaniso
相片
rivoni
檯燈
xelufu
擱架
khabodo
櫥櫃
thelevhixini
電視
xitiko
壁爐
xiluva
花
xikhengele
墊子
sofa
沙發
mbita
花瓶
xilawula-kule
遙控器

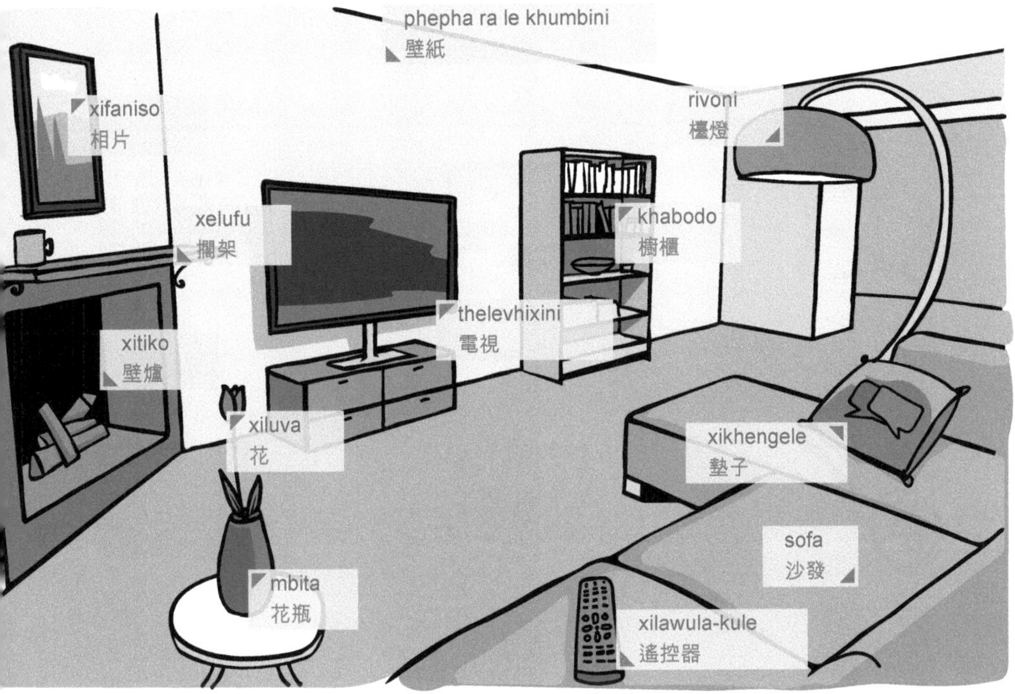

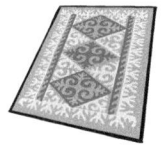

khapete
地毯

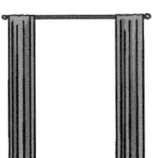

khethenisi
窗簾

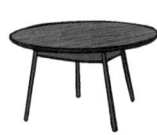

tafula
餐桌

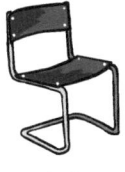

xitulu
椅子

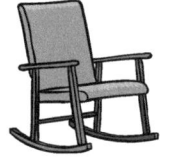

xitulu xo mbuwetela
搖椅

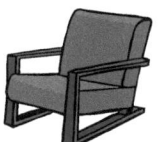

xitulu xo tlhandleka mavoko
扶手椅

buku

書

nkumba

毯子

nkhaviso

裝飾品

tihunyi

木柴

filimi

電影

muchini wa hi-fi

高傳真音響

xinotlelo

鑰匙

phepha-hungu

報紙

xifaniso lexi vatliweke

油畫

bodo ya xifaniso

海報

xiya-ni-moya

收音機

buku yo tsala tinhla

筆記本

hoover

吸塵器

xiluva xa cactus

仙人掌

khandlela

蠟燭

khishini
廚房

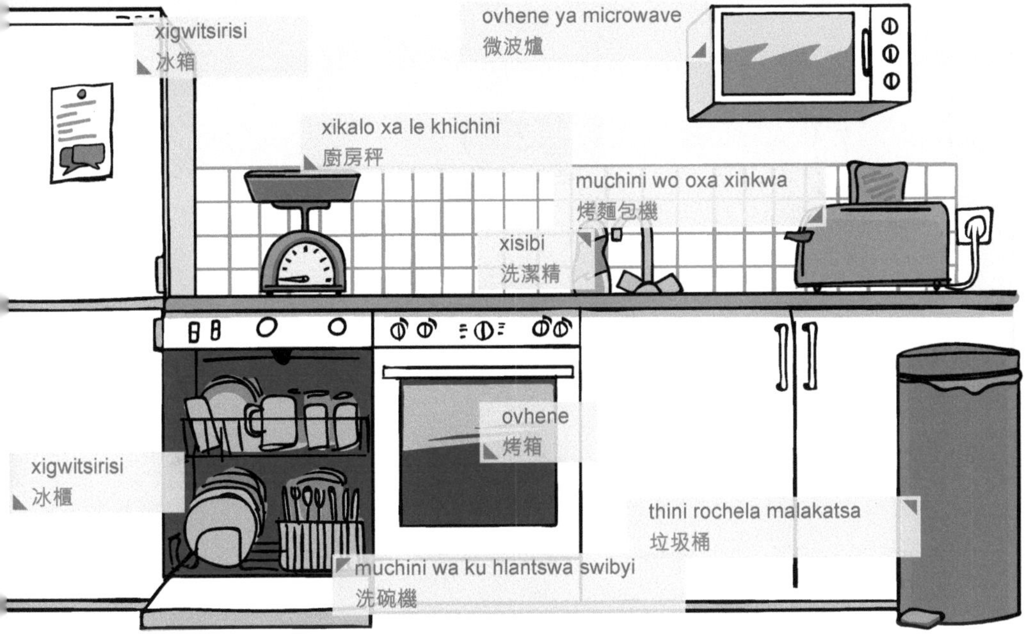

xigwitsirisi
冰箱
ovhene ya microwave
微波爐
xikalo xa le khichini
廚房秤
muchini wo oxa xinkwa
烤麵包機
xisibi
洗潔精
ovhene
烤箱
xigwitsirisi
冰櫃
thini rochela malakatsa
垃圾桶
muchini wa ku hlantswa swibyi
洗碗機

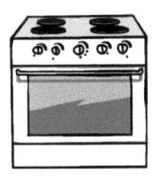

mosweki
炊具

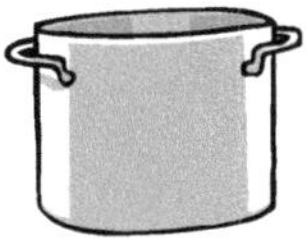
poto
鍋

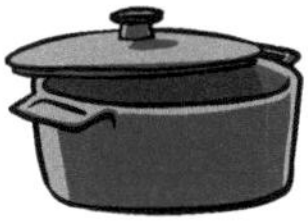
poto ra nsimbi
鑄鐵鍋

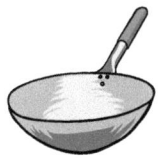

mbita yo swekela / kadai
炒鍋

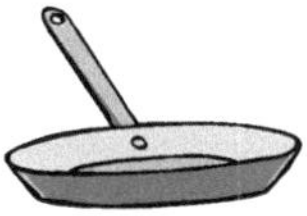
pani
平底鍋

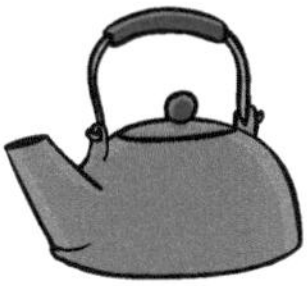
ketlele
水壺

xo sweka hi nkahelo

蒸鍋

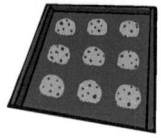

thireyi ya ku baka

烤盤

swibya

陶瓷鍋

xikomichana

馬克杯

ximbitana

碗

ti-chopstick

筷子

xipunu

長柄勺

spatula

鏟子

muchini wo hlanganisa

攪拌器

sefo

濾網

xisefo

篩子

xilo xo tsemelela

磨碎機

xibye

研缽

nyama yo oshiwa

燒烤

ndzilo

明火

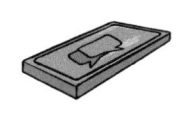

bodo ya ku tsemelela

菜板

mhandzi yo andlala fulawa

擀麵杖

xo pfula mabodlhela

開瓶器

thini

罐子

xo pfula mathini

開罐器

xo khoma poto

隔熱手套

zinki

水槽

buracha

刷子

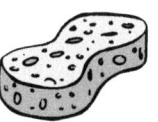

xiponci

海綿

xilo lexi hlanganiselaka

攪拌機

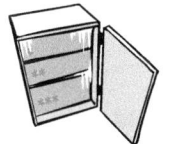

xigwitsirisi

冷藏箱

bodlhela ra n'wana

奶瓶

pompi

水龍頭

kamara yo hlambela

浴室

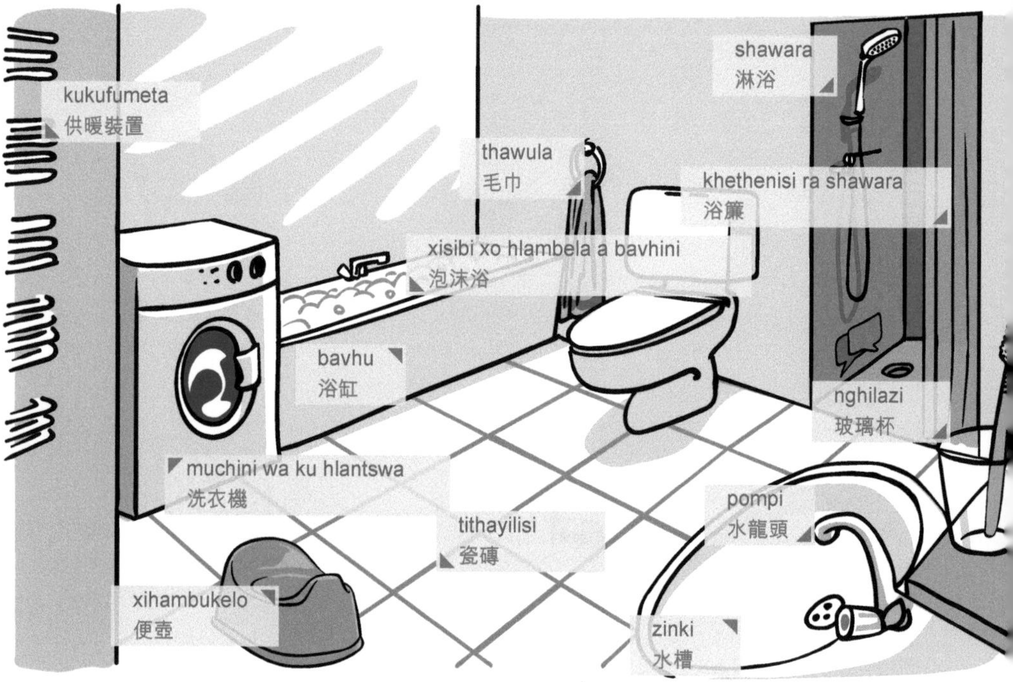

kukufumeta
供暖裝置
thawula
毛巾
shawara
淋浴
khethenisi ra shawara
浴簾
xisibi xo hlambela a bavhini
泡沫浴
bavhu
浴缸
nghilazi
玻璃杯
muchini wa ku hlantswa
洗衣機
pompi
水龍頭
tithayilisi
瓷磚
xihambukelo
便壺
zinki
水槽

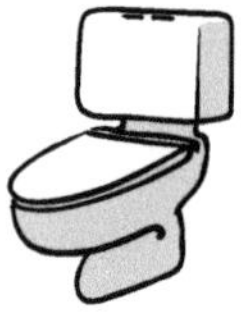
xihambukelo
廁所

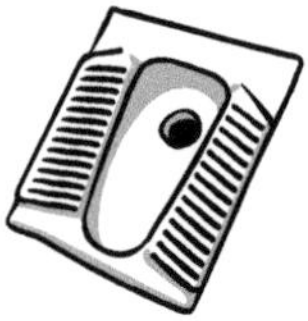
xihambukelo
蹲便器

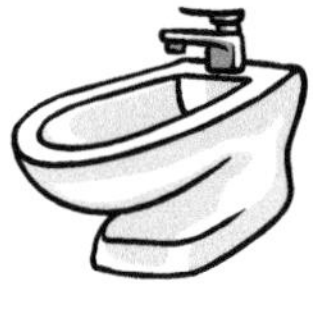
bidet
坐浴器

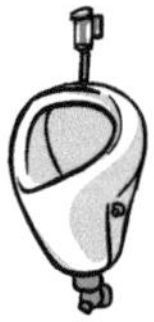
ndhawu yo tsakamisela
小便斗

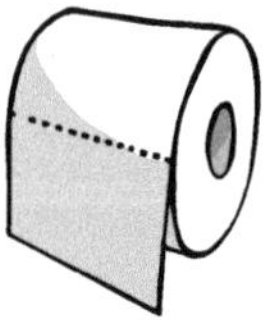
papila ra xihambukelo
廁紙

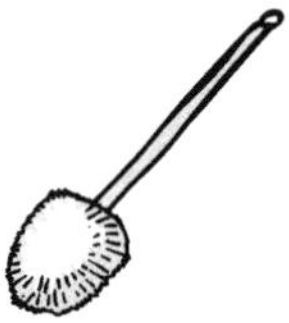
burachi bya xihambukelo
馬桶刷

burachi bya meno

牙刷

xisibi xa meno

牙膏

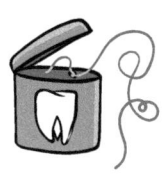

xo basisa exikarhi ka meno

牙線

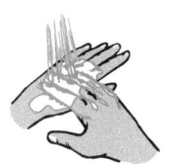

hlamba

洗

xawara yo khomiwa hivoko

手持式蓮蓬頭

douche

沖洗器

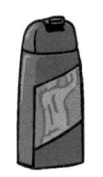

xihlambelo

洗臉盆

buracha ra nhlana

洗背刷

xisibi

肥皂

xisibi xa xawara

沐浴露

shampoo

洗髮乳

swilapana

法蘭絨

xinambyana

排水

rivomba

乳霜

xinhuherisi

除臭劑

xivoni

鏡子

xivoni xo khomiwa hivoko

手鏡

rikarhi

刮鬍刀

xisibi so susa malevu

刮鬍泡沫

mafurha ya kutola loku u
heta ku tsemeta malevu

鬍後水

kama

梳子

buracha

刷子

muchini wo omisa mosisi

吹風機

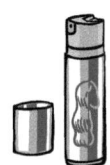

mafurha yo tola mosisi

噴髮定型劑

xo tisasekisa

化妝品

xotota nomo

唇膏

xo tota minwala

指甲油

kotoni

化妝棉

xo tsema minwala

指甲剪

xinhuherisi

香水

nkwama wa le
xihambukelweni

洗漱包

nchuluko

凳子

xikalo

計重秤

nguvu yo hlamba

浴袍

tiglovhu ta raba

橡膠手套

tampon

衛生棉條

thawula ra ku basisa

衛生棉

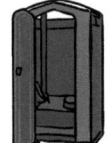

xihambukelo xa le handle

化學廁所

kamana ya vana

兒童房

alamu ya wachi
鬧鐘
xo tlanga sa ku etlela
毛絨玩具
movha ya ku tlangisa
玩具車
xokocokoco
撥浪鼓
yindlu ya swipopana
玩具屋
nyiko
禮物

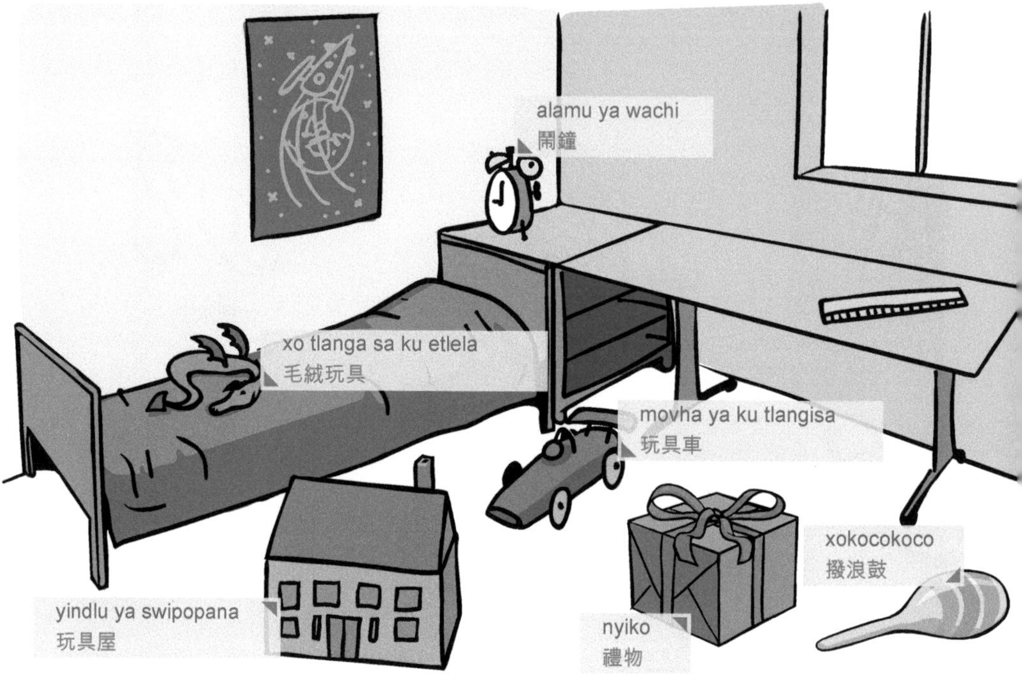

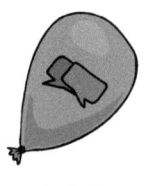

baluni
氣球

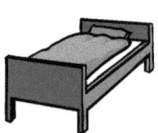

mubedo
床

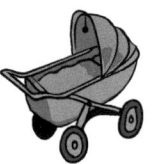

pureme
嬰兒車

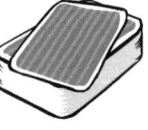

makhadi
撲克牌

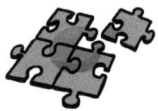

jigsaw
拼圖

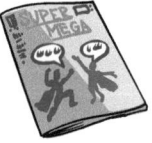

khomiki
漫畫

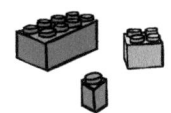

switina swa lego

樂高積木

swiaki

積木玩具

xo tlanga xa vana

公仔

swiambalo swa nwana

嬰兒服

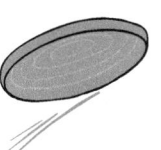

Frisbee

飛盤

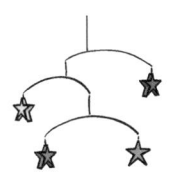

mobile

床鈴玩具

ntlango wa le bodweni

棋盤遊戲

dayisi

骰子

xitimela xo tlanga

火車模型

xo tlangisa vana

安撫奶嘴

nkhuvo

派對

buku ya swifaniso

繪本

bolo

球

xipopana

洋娃娃

tlanga

玩

khele ra sava

沙坑

muchinginya

鞦韆

swilo swo tlangisa

玩具

mintlango ya vhidiyo

電玩遊戲

xithuthuthu xa mivhilwa manharhu

三輪車

tibere to tlangisa

泰迪熊

wadirobo

衣櫃

swiambalo

衣服

masokisi

襪子

masokisi

長襪

buruku byo tlimba

緊身褲

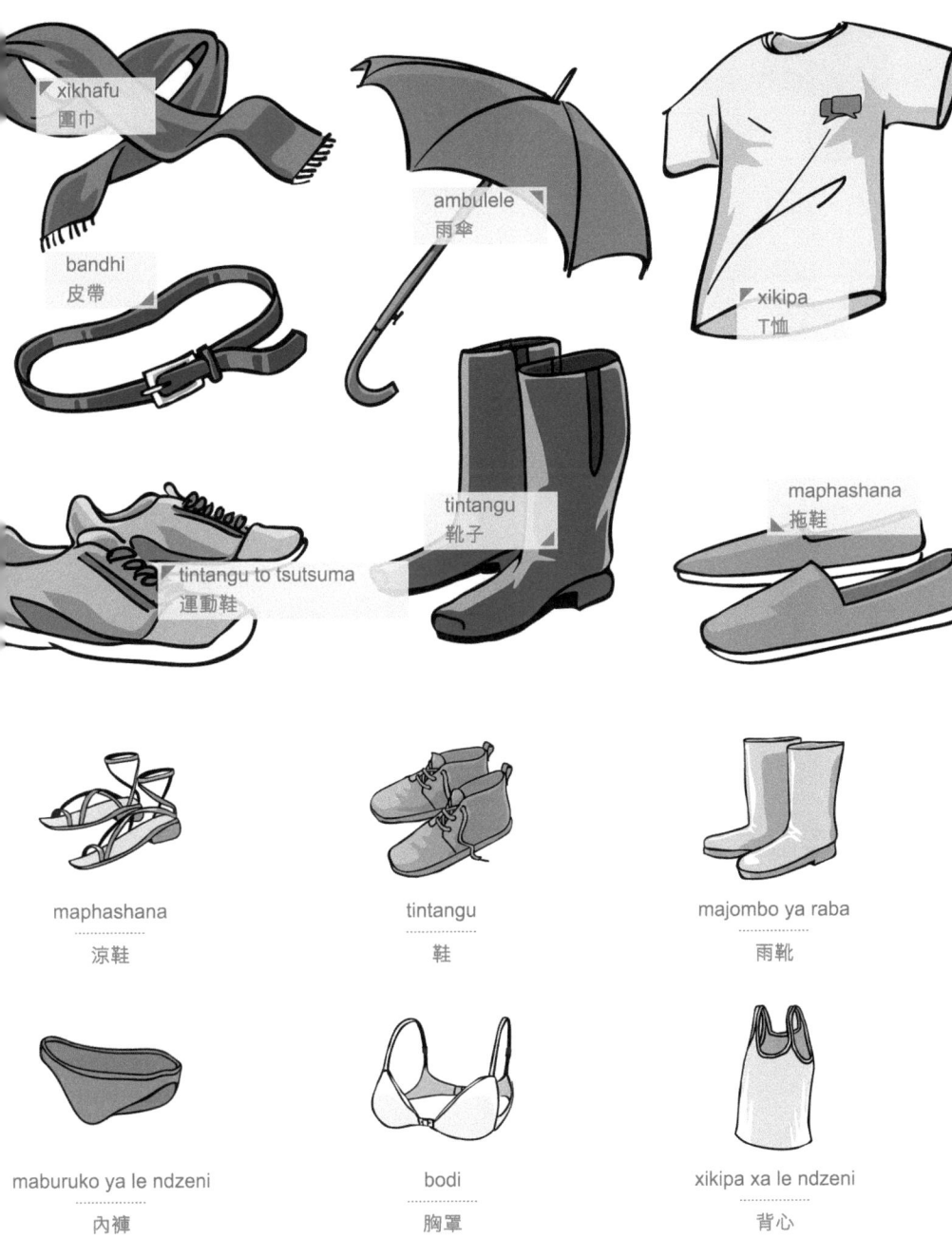

xikhafu
圍巾

bandhi
皮帶

ambulele
雨傘

xikipa
T恤

tintangu
靴子

tintangu to tsutsuma
運動鞋

maphashana
拖鞋

maphashana
涼鞋

tintangu
鞋

majombo ya raba
雨靴

maburuko ya le ndzeni
內褲

bodi
胸罩

xikipa xa le ndzeni
背心

miri

身體

maburuko

褲子

bokati

牛仔褲

xiketi

短裙

bulawusi

女式襯衫

hembe

襯衫

jesi

套頭衫

jazi ro fingeneta nhloko

連帽上衣

buleyizara

西裝夾克

baji

夾克

nghuvo

外套

jazi rampfula

雨衣

swiambalo

套裝

swiambalo

連衣裙

rhoko ya mucato

婚紗

sudu

西裝

xiambalo xo etlela

睡袍

swi ambalo swo etlela

睡衣

sari

莎麗

xikhafu

頭巾

duku

包頭巾

burqa

波卡

swi ambalo

卡夫坦

abaya

(阿拉伯式)長袍

swiambalo swo hlambela

泳衣

maburuko ya le ndzeni

男式泳褲

buruku ro koma

短褲

tracksuit

運動服

fasikoti

圍裙

maglilavhu

手套

kunupu

鈕扣

manghilazi ya mahlo

眼鏡

sindza

手鏈

vuhlalu

項鍊

xingwaxila

戒指

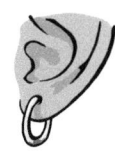

vo sasekisa tindleve

耳環

kepisi

便帽

hangara ya nghuvo

衣架

xigqoko

帽子

thayi

領帶

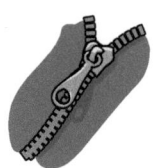

zipi

拉鍊

xihuku

安全帽

minxongotelo

背帶

swiambalo swa xikolo

校服

yunifomo

制服

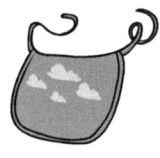

bibi

圍兜

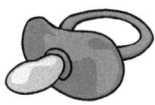

xo tlangisa vana

安撫奶嘴

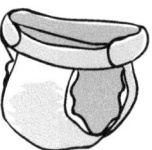

leyiri

尿布

hofisi

辦公室

server
伺服器
khabodo yo beka tifayili
檔案櫃
muchini wa ku kandziyisa
印表機
papila
紙
xikirini
螢幕
mouse
滑鼠
tafola
辦公桌
xilo xo veka swiphephana
資料夾
keyboard
鍵盤
xitulo
椅子
xikotela xo lahla maphepha
廢紙簍
khompyuta
電腦

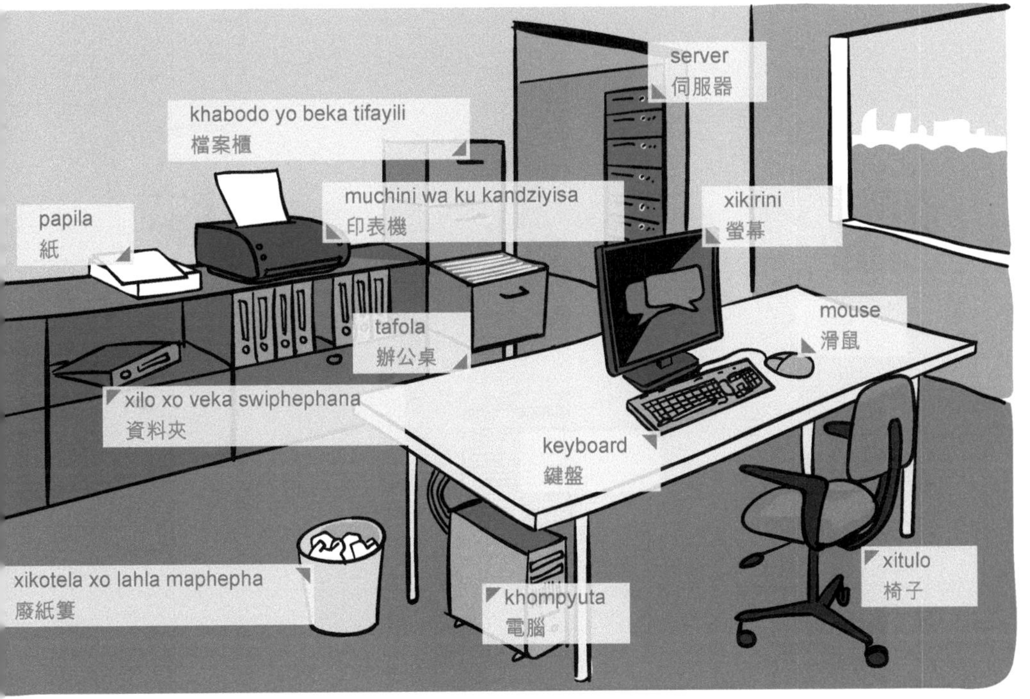

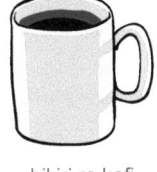

bikiri ra kofi

咖啡杯

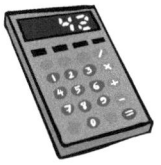

muchini wo hlaya

計算機

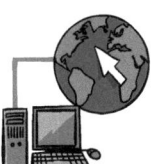

internet

網際網路

laptop

筆記型電腦

papila

信件

rungula

簡訊

foni

行動電話

network

網路

muchini wo endla tikopi

影印機

progreme ya khompyuta

軟體

riqingho

電話

pulagi ya gezi

插座

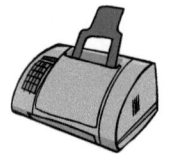

muchini wo rhumela rungula

傳真機

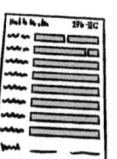

fomo

表格

papila

檔案

xava

買

hakela

付錢

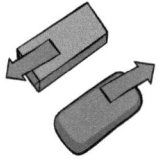

xavisa

交易

mali

現金

 USD

dolara

美元

EUR

euro

歐元

JPY

yen

日元

RUB

rouble

盧布

CHF

Swiss franc

瑞士法郎

CNY

renminb yuan

人民幣

INR

rupee

盧比

muchini wa mali

提款處

ndhawu yo cinca mali

外幣兌換處

nsuku

金

silivhere

銀

mafurha

石油

matimba

能源

hakelo

價格

ntwanano

合約

xibalo

稅金

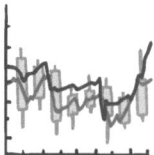

nundzu ya timali

股票

tirha

工作

mutirhi

職員

mothorhi

老闆

fektri

工廠

xitolo

商店

phorisa
警官

mutimi wa ndzilo
消防員

musweki
廚師

dokodela
醫師

muhahisi
飛行員

muhlayi wa ntanga

園丁

muvatli

木匠

murungi

裁縫

muavanyisi

法官

xitshunguri

化學家

mutlangi

演員

muchaeri wa tibazi

公車司機

muchayeri wa thekisi

計程車司機

muphasi wa tinhlampfi

漁夫

wansati wa ku basisa

清洗女工

mufuleri

屋頂工

muphameri

服務生

muhloti

獵人

mupendi

畫家

mubaki

麵包師

mutivi wagezi

電工

muaki

建築工人

munjiniyara

工程師

muxavisi wa nyama

屠夫

muplambara

水管工

muheleketi wa poso

郵差

socha

士兵

mumpfampfarhuti

建築師

muamukeli wa timali

收銀員

muxavisi wa swiluva

花農

mululamisi wa misisi

理髮師

mufambisi

售票員

nunhu wo lungisa timovha

機械技師

mulawuri

船長

dokotela wa matinho

牙醫

mutivi wa sayensi

科學家

mufundisi

拉比

murhangeri

伊瑪目

nghwendza

和尚

mfundisi

牧師

switirhisiwa
工具

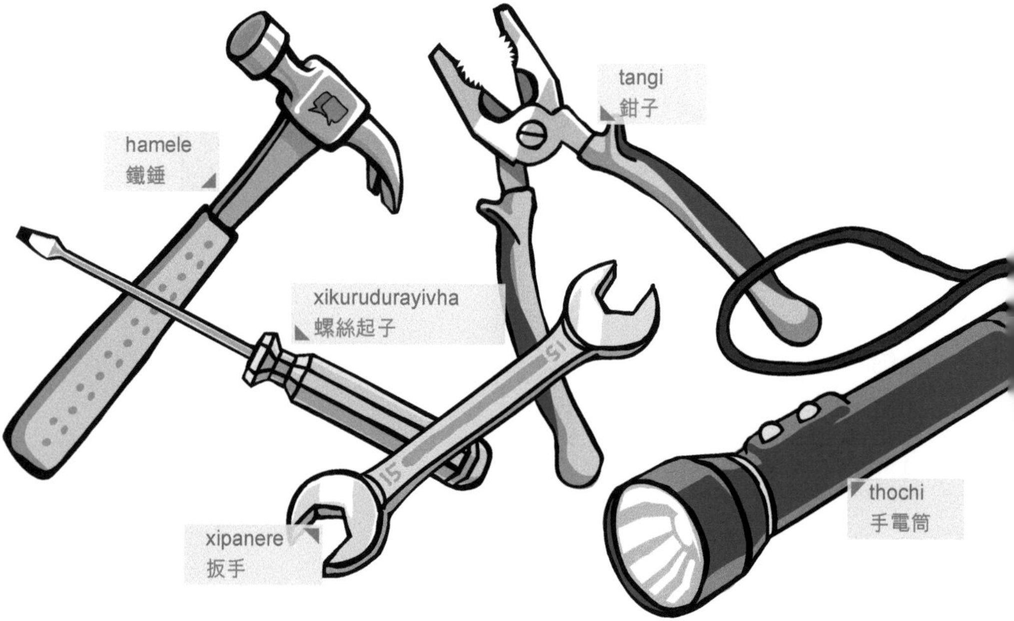

hamele
鐵錘
tangi
鉗子
xikurudurayivha
螺絲起子
xipanere
扳手
thochi
手電筒

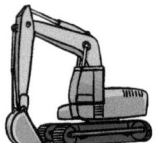

muchini wo cela
挖掘機

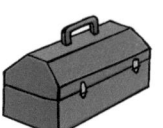

bokisi ra switirhisiwa
工具箱

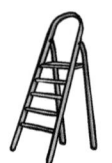

xitepisi
梯子

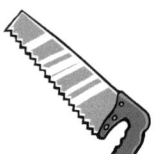

saha
鋸子

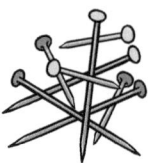

swipikiri
釘子

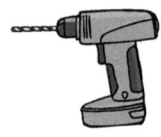

muchini wo boxa
鑽機

lunghisa

修

foxolo

鏟子

Thyaka!

糟糕！

nchumu wo susa ritshuri

畚箕

mbita ya pende

油漆桶

bawuti

螺絲

swichayachayana

樂器

swigubu
打擊樂器

double bass
低音提琴

mhalamhala
小號

xikurisa-mpfumawulo
揚聲器

katara
吉他

piyano

鋼琴

violin

小提琴

bass

貝斯

timpani

定音鼓

xigubu

鼓

keyboard

電子琴

saxophone

薩克斯風

xitiringo

長笛

xikurisa-marito

麥克風

ntanga wa swiharhi

動物園

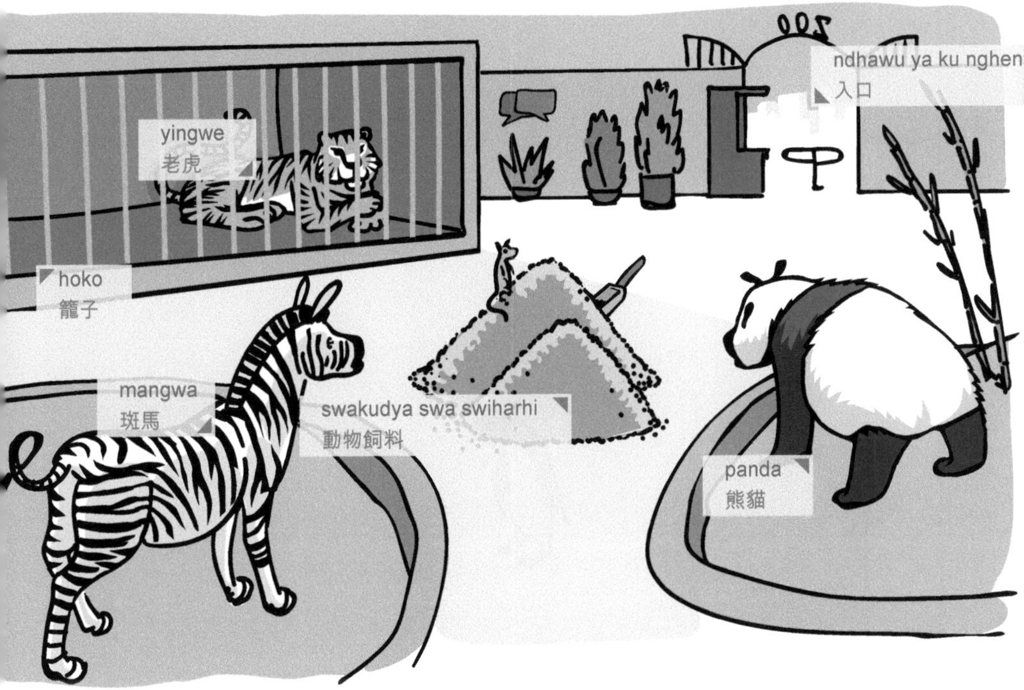

ndhawu ya ku nghena
入口
yingwe
老虎
hoko
籠子
mangwa
斑馬
swakudya swa swiharhi
動物飼料
panda
熊貓

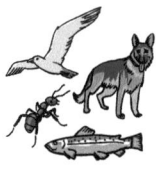

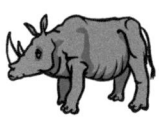

swiharhi

動物

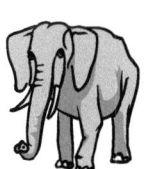

ndlopfu

大象

xinjhenghwe

袋鼠

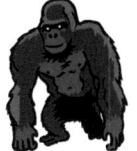

mhelembe

犀牛

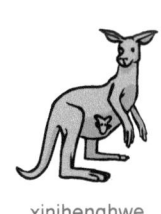

gorila

大猩猩

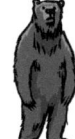

bere

熊

kamela

駱駝

yintsha

鴕鳥

nghala

獅子

nkawu

猴子

flamingo

紅鶴

hokwe

鸚鵡

bere

北極熊

penguin

企鵝

shaka

鯊魚

hanti

孔雀

nyoka

蛇

ngwenya

鱷魚

muhlayisi wa mintanga ya
swiharhi

動物園管理員

seal

海豹

jaguar

美洲豹

hanci

矮種馬

yingwe

豹

mpfuvu

河馬

nhutlwa

長頸鹿

gama

老鷹

ngluve ya nhova

野豬

hlampfi

魚

mfutsu

龜

nyimpfu ya le lwandle

海象

mhungubye

狐狸

mhala

羚羊

bolo ya le Amerika
橄欖球

kufamba hi xi kanyakanya
騎腳踏車

tennis
網球

basketball
籃球

kuhlambela
游泳

ntlango wa ku bana
拳擊

khororo ya le ayisini
冰球

bolo
美式足球

badminton
羽毛球

mintlango
田徑

bolo ya mavoko
手球

kureta e gambokweni
滑雪

polo
馬球

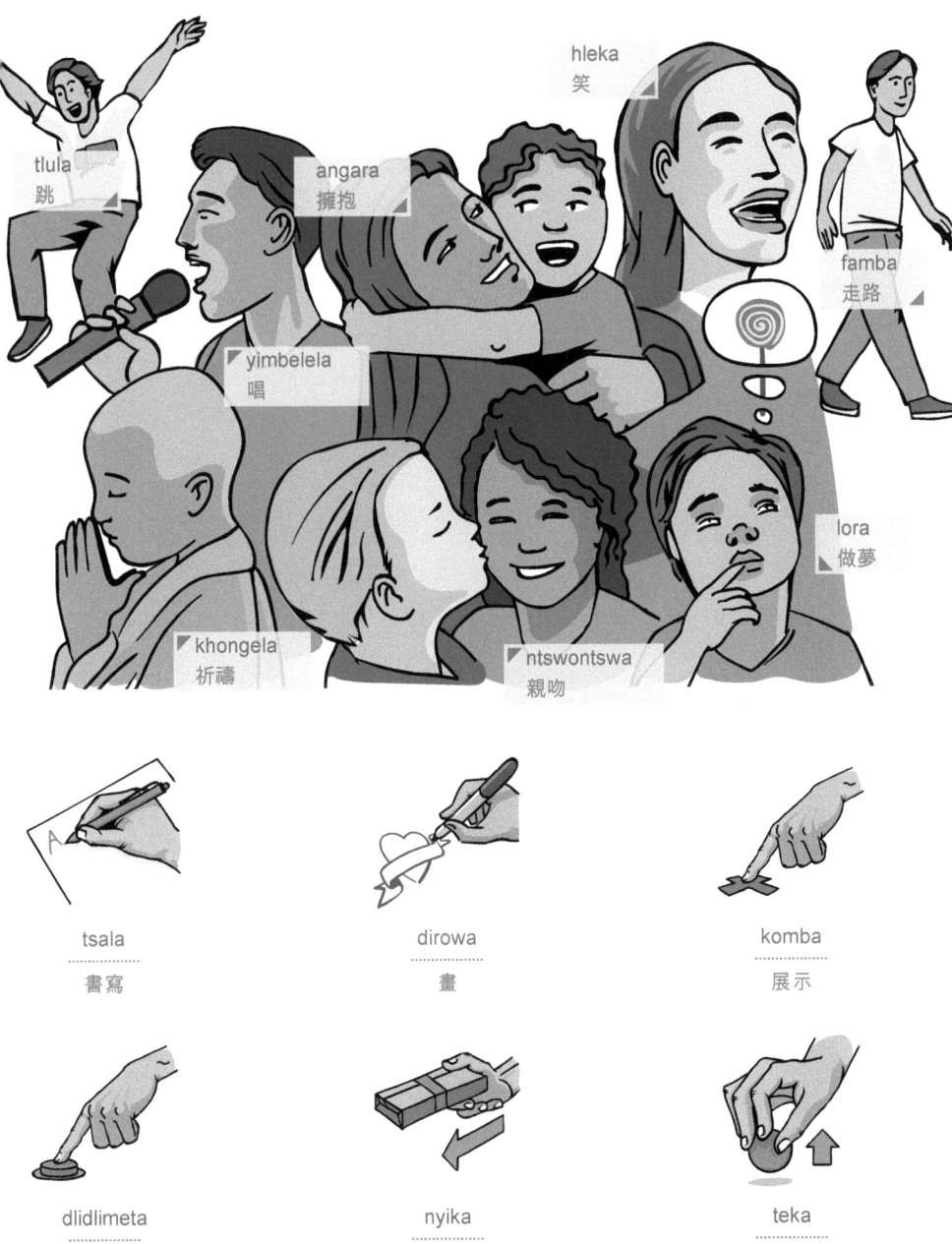

tlula
跳

angara
擁抱

hleka
笑

famba
走路

yimbelela
唱

lora
做夢

khongela
祈禱

ntswontswa
親吻

tsala
....
書寫

dirowa
....
畫

komba
....
展示

dlidlimeta
....
推

nyika
....
給

teka
....
拿

yi va

有

endla

做

ku va

當

yima

站

tsutsuma

跑

koka

拉

lahlela

丟

wana

摔倒

hemba

躺

rindza

等待

rhwala

攜帶

tshama

坐

ambala

穿衣

tlela

睡覺

pfuka

醒來

languta

看

rila

哭

bana

擊

kama

梳頭

vulavula

交談

twisisa

明白

vutisa

問

yingisa

聽

nwana

喝

dyana

吃

basisa

清理

randza

愛

sweka

做飯

chayela

開車

haha

飛

tluta

航行

hlaya

計算

hlaya

讀

hlaya

學習

tirha

工作

teka

結婚

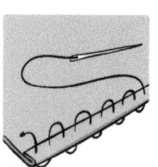

rhunga

縫

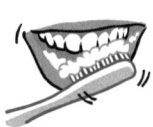

kuhlamba meno

刷牙

dlaya

殺

dzaha

抽菸

rhumela

寄

ndyanghu

家

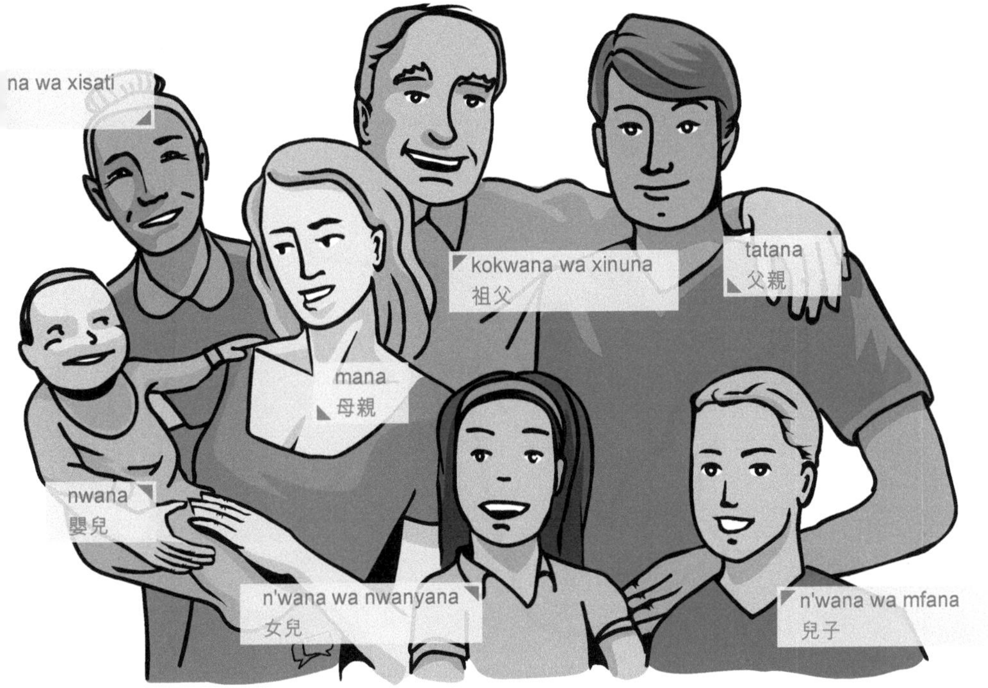

na wa xisati
kokwana wa xinuna
祖父
tatana
父親
mana
母親
nwana
嬰兒
n'wana wa nwanyana
女兒
n'wana wa mfana
兒子

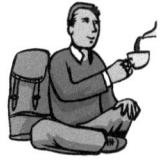

muendzi
客人

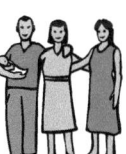

hahani
阿姨

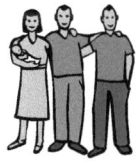

malume
叔叔

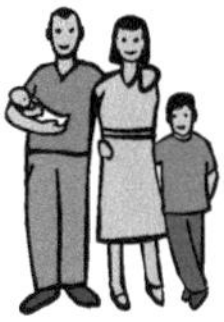

makwerhu
兄弟

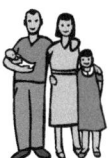

makwrhu
姐妹

mombo
前額

tihlo
眼睛

katla
肩膀

ritiho
手指

xikandza
臉

xilebvu
下巴

voko
手

bele
乳房

nenge
腿

voko
手臂

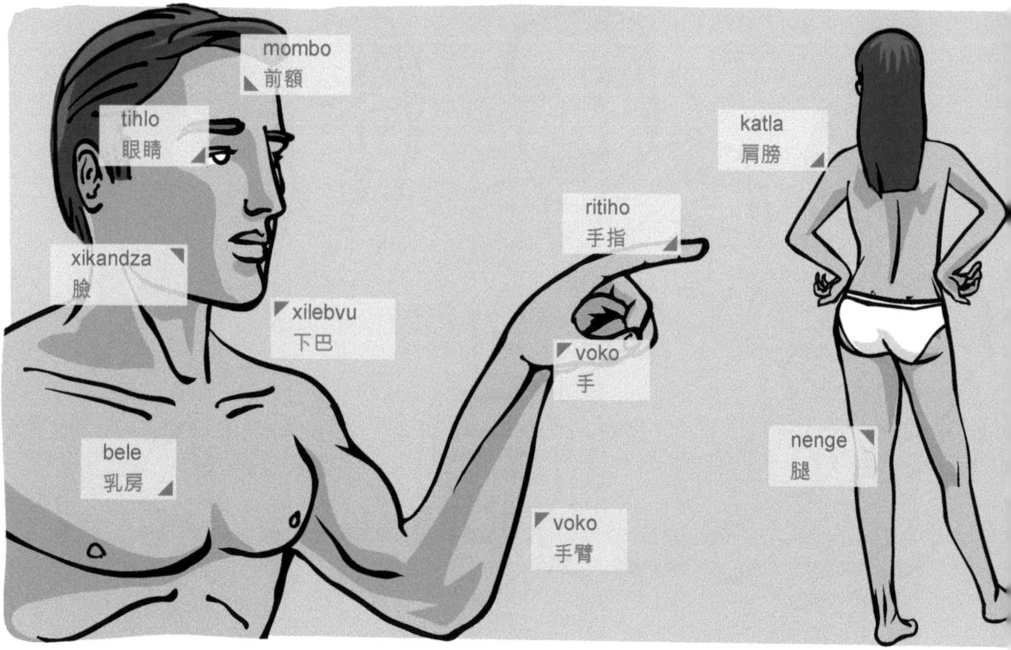

nwana

嬰兒

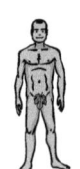

n'wanuna

男人

nw'ansati

女人

nhwanyana

女孩

mfana

男孩

nhloko

頭

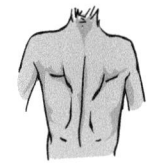

nhlana

背部

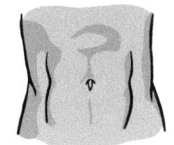

khwiri

肚子

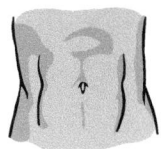

nkava

肚臍

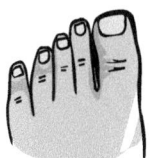

xikunwani

腳趾

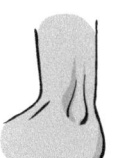

xirhenze

腳後跟

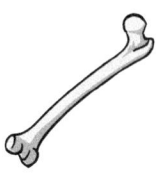

rhambu

骨頭

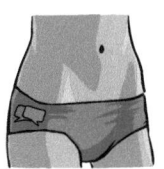

nyonga

臀部

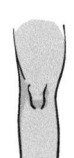

tsolo

膝蓋

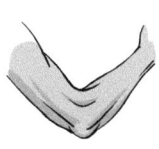

xikokola

手肘

nompfu

鼻子

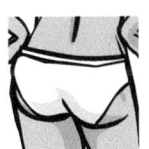

xisuti

屁股

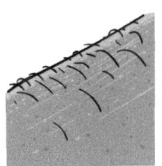

nhlonge

皮膚

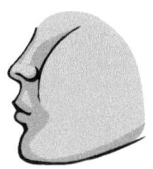

rhama

臉頰

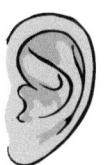

ndlebe

耳朵

nomu

嘴唇

nomu

嘴

tinyo

牙齒

ririmi

舌頭

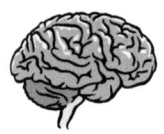

byongo

腦

mbilu

心臟

nsiha

肌肉

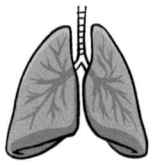

hahu

肺

vixindzi

肝臟

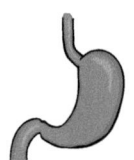

khwiri

胃

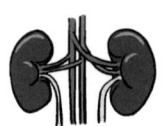

tinso

腎臟

masangu

性交

khondomu

保險套

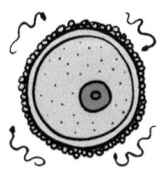

tandza

卵子

mbewu ya vununa

精子

nyimba

懷孕

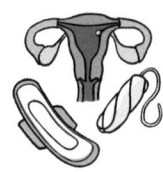

kuya enkarhini

月事

muhocho

陰道

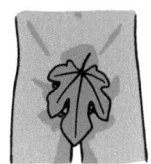

xiluma

陰莖

tinxiyi

眉毛

misisi

頭髮

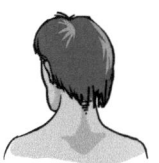

nhamu

脖子

xibedlhele
醫院

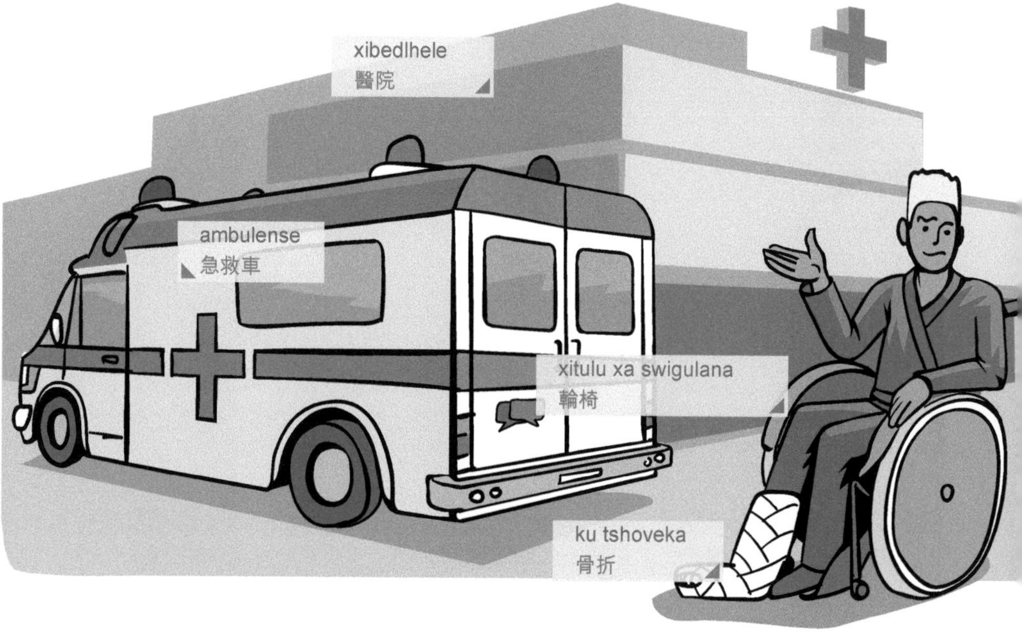

xibedlhele
醫院
ambulense
急救車
xitulu xa swigulana
輪椅
ku tshoveka
骨折

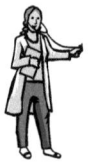

dokodela
醫師

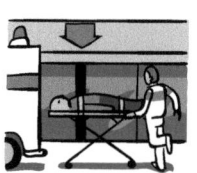

kamara ra xilamulela-mhango
急診室

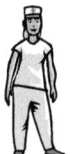

muongori
護理師

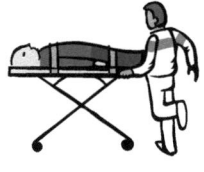

xihatla
緊急情形

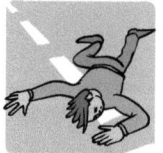

ku titivala
昏迷

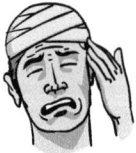

kuvava
痛

ku vaviseka

受傷

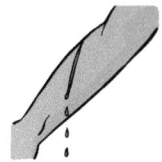

mpfempfa ngati

出血

ku hlaseriwa himbilu

心臟病發作

ku oma swirho

中風

rinyenyo

過敏

khohlola

咳嗽

xifumbu

發燒

mukhuhlwana

流感

nchuluko

腹瀉

ku pandza ka nhloko

頭痛

khensa

癌症

chukela

糖尿病

dokodela

外科醫師

mukwana

手術刀

vuhandzuri

手術

CT

電腦斷層掃描

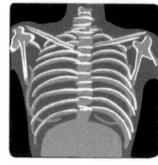

x-rheyi

X光

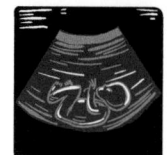

muchini wo yingisela
ntshuka-ntshuko

超音波

xo tipfala tinhomfu

口罩

vuvabyi

疾病

kamara ro rindza

候診室

nhonga

拐杖

semendhe

石膏

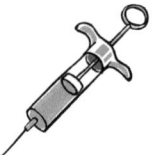

bandhichi

繃帶

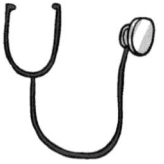

neleta

注射

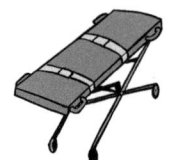

muchini wa madokodela wa
ku yingisa

聽診器

rihlaka

擔架

xipima-mahiselo

體溫計

ku veleka

出生

ku nyuhela

超重

swipfuneta-ku-twa

助聽器

khemikhale yo dlaya
switsongwatsongwana

消毒液

switsongwatsongwana

感染

xitsongwatsongwana

病毒

HIV / AIDS

愛滋病

miri

藥物

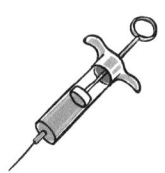

nayiti

接種疫苗

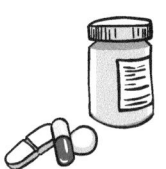

maphilisi

藥片

pilisi

藥丸

riqingho ra xihatla

急救電話

muchini wo kamba
nsusumeto wa ngati

血壓計

vabya / hanya

生病/健康

Pfunani!

救命！

bele

警報

ku hlaseriwa

突擊

hlasela

攻擊

khombo

危險

nyangwa wo huma loko ku ri ni mhango

緊急出口

Ndzilo!

失火了！

xo tima ndzilo

滅火器

mhangu

意外

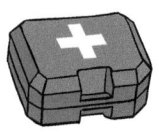

bokisi ra xilamulela-mhango

急救箱

SOS

呼救訊號

phorisa

員警

Yuropa

歐洲

Amerika N'walungu

北美洲

Amerika Dzonga

南美洲

Afrika

非洲

Asia

亞洲

Australia

澳洲

Atlantic

大西洋

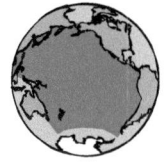

Pacific

太平洋

Lwandle-nkulu ra Indiya

印度洋

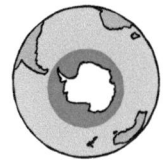

Lwandle-nkulu ra Antarctic

南冰洋

Lwandle-nkulu ra Arctic

北冰洋

North Pole

北極

South Pole

南極

Antarctica

南極洲

Misava

地球

tiko

陸地

lwandle

海

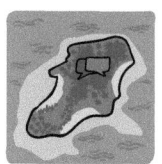

xihlala

島

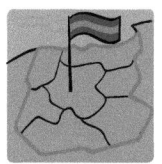

rixaka

國家

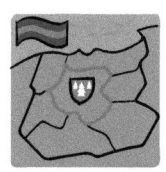

tiko

州

xikomba nkarhi

錶盤

xikomba-tiawara

時針

xikomba-timineti

分針

xikomba-tisekoni

秒針

I nkarhi muni?

現在幾點？

siku

天

nkarhi

時間

sweswi

現在

wachi leyi tshavatelaka

電子錶

minete

分

awara

時

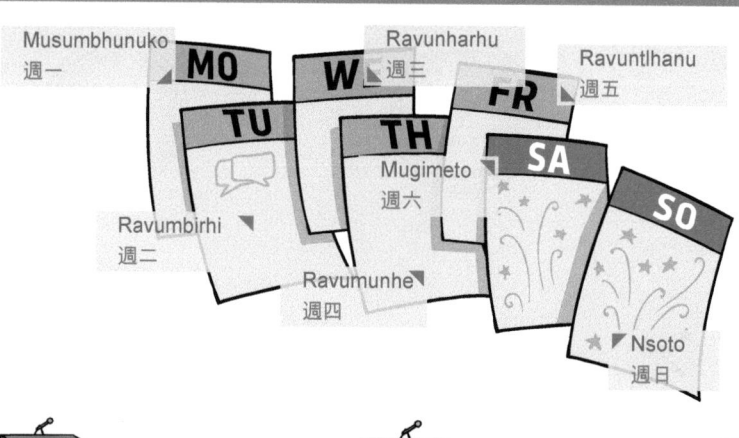

Musumbhunuko
週一

Ravunharhu
週三

Ravuntlhanu
週五

Ravumbirhi
週二

Mugimeto
週六

Ravumunhe
週四

Nsoto
週日

tolo

昨天

namuntlha

今天

mundzuku

明天

mixo

早晨

nhlekani

中午

madyambu

晚上

MO	TU	WE	TH	FR	SA	SU
1	2	3	4	5	6	7
8	9	10	11	12	13	14
15	16	17	18	19	20	21
22	23	24	25	26	27	28
29	30	31	1	2	3	4

masiku ya ntirho

工作日

MO	TU	WE	TH	FR	SA	SU
1	2	3	4	5	6	7
8	9	10	11	12	13	14
15	16	17	18	19	20	21
22	23	24	25	26	27	28
29	30	31	1	2	3	4

mahelo vhiki

週末

lembe
年

mfpula
雨
nkwangulatilo
彩虹
moya
風
gamboko
雪
xumun'wana
春
ximumu
夏
xixikana
秋
xixika
冬

4.APRIL 11°
5.APRIL 4°
6.APRIL 13°
7.APRIL 8°
8.APRIL 10°

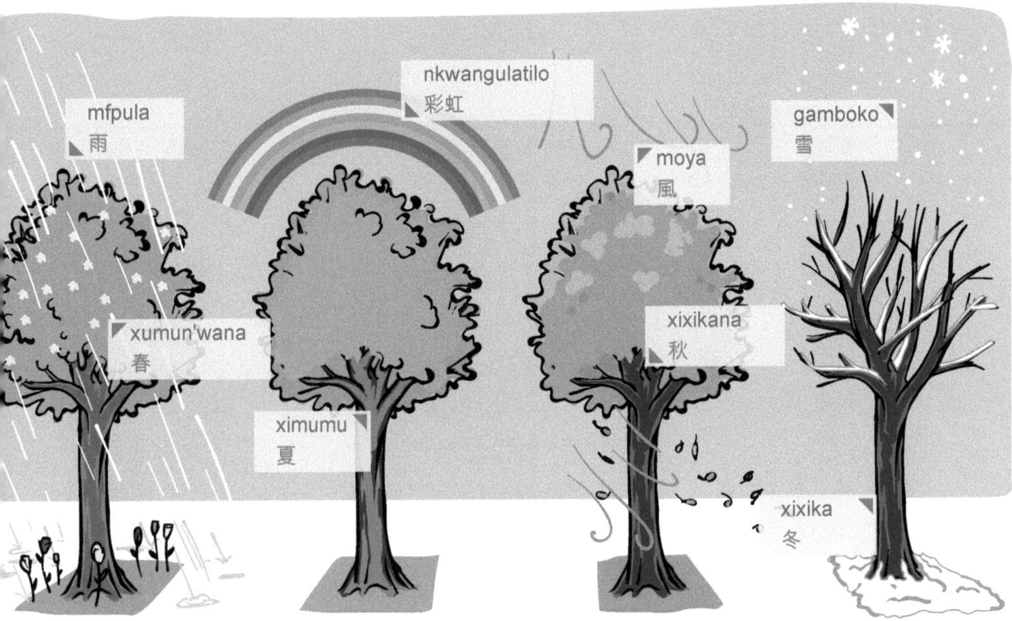

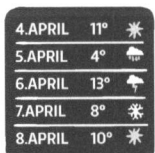

vumbha tamaxelo

天氣預告

F
C
120
90
60
30
0
-30
40
30
20
10
0
-10
-20

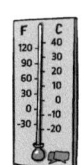

xipima-mahiselo

溫度計

dyambu

陽光

papa

雲

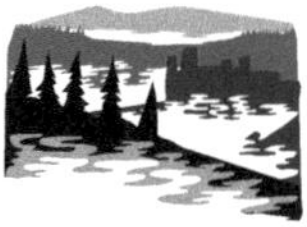

hunguva

霧

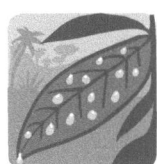

kutsakama

潮濕

rihati

閃電

dzindza-tilo

打雷

xidzedze

風暴

xihangu

冰雹

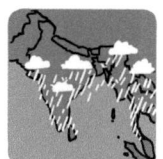

mpfula

季風

ndhambi

洪水

ayisi

冰

Sunguti

一月

Nyenyenyana

二月

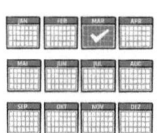

Nyenyankulu

三月

Dzivamusoko

四月

Mudyaxihi

五月

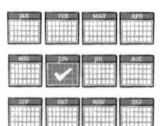

Khotavuxika

六月

Mawuwani

七月

Mhawuri

八月

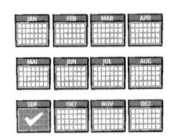

Ndzhati
....
九月

Nhlangula
....
十月

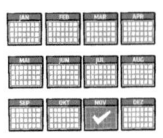

Hukuri
....
十一月

N'wendzamhala
....
十二月

xirendzevutana
....
圓形

xikwere
....
正方形

matlhelo ya mune
....
長方形

xivunguvungu xa tintlha
tinharhu
....
三角形

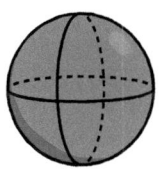

bolo
....
球體

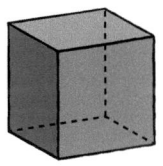

cube
....
立方體

basa

白

xitshopana

黃

lamula

橙

tshwukanyana

粉

tshwuka

紅

xigunguvungu

紫

wasi

藍

rihlaza

綠

buraweni

棕

mpunga

灰

ntima

黑

swo tala / swi tsongo

很多/少許

hlundzukile / rhurile

生氣/平靜

sasekile / bihile

美/醜

masungulo / makumo

首/尾

kulu / tsongo

大/小

vangama / munyama

明/暗

buti / sesi

兄弟/姐妹

basile / chakile

乾淨/骯髒

helerile / helelangiki

完整/缺失

siku / vusiku

白天/晚上

file / hanyaka

死/生

pfulekile / pfalekile

寬/窄

swa dyiwa / a swi dyiwi

可食用/非食用

homboloka / lunghile

邪惡/善良

tsakile / phirekile

興奮/無聊

nyuhela / lala

胖/瘦

masungulo / makumo

第一/最後

mungana / nala

朋友/敵人

tele / hava

滿/空

tiyile / olova

硬/軟

tika / vevuka

重/輕

ndlala / torha

餓/渴

vabya / hanya

生病/健康

swi ngariki enawini / enawini

非法/合法

tlharihile / xiphukuphuku

聰明/愚笨

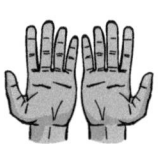

ximati / xinene

左/右

akusuhi / kule

近/遠

yintshwa / tirhisiwile

新/舊

hava / xin'wana

沒有/有些

dyuharile / muntshwa

老/幼

xarirha / xitimile

開/關

pfurile / pfariwile

打開/闔上

myerile / huwa

安靜/吵鬧

fuwile / xisiwana

富/窮

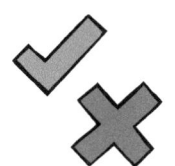

swinene / bihile

對/錯

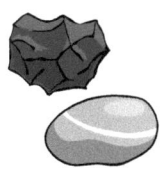

khwasha / reta

粗糙/光滑

vaviseka / tsaka

傷心/高興

koma / leha

短/長

hlwela / hatlisa

慢/快

tsakama / oma

濕/乾

kufumela / titimela

溫暖/涼爽

nyimpi / kurhula

戰爭/和平

0

noto

零

1

n'we

一

2

mbirhi

二

3

nharhu

三

4

mune

四

5

ntlhanu

五

6

ntsevu

六

7

nkombo

七

8

nhungu

八

9

nkaye

九

10

khume

十

11

khume n'we

十一

12

khume mbirhi

十二

13

khume nharhu

十三

14

khume mune

十四

15

khume ntlhanu

十五

16

khume ntsevu

十六

17

khumbe nkombo

十七

18

khume nhungu

十八

19

khume nkaye

十九

20

makhume mambirhi

二十

100

dzana

百

1.000

gidi

千

1.000.000

gidi ya magidi

百萬

Xinghezi

英語

Xinghezi xa Amerika

美式英語

Xichayina xa Mandarin

普通話

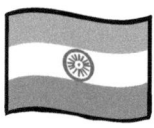

Xihindi

印地語

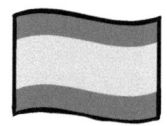

Xipaniya

西班牙語

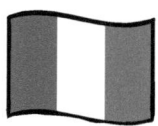

Xifurwa

法語

Xiarabu

阿拉伯語

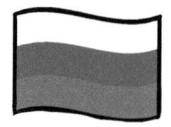

Xirhaxiya

俄語

Xiputukezi

葡萄牙語

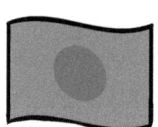

Xibengali

孟加拉語

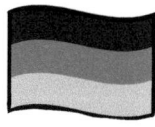

Xijarimani

德語

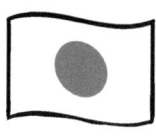

Xijapani

日語

mina

我

wena

你

yena / yena / xona

他/她/它

hina

我們

n'wina

你們

vona

他們

mani?

誰?

yini?

什麼?

njhani?

如何?

kwihi?

何處?

rhini?

何時?

vito

名字

eka

方位

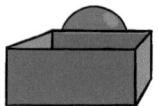

endzaku

後面

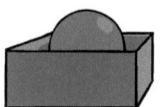

ahehla

裡面

emahlweni a

前面

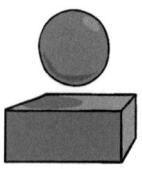

ahenhla ka

上方

eka

上面

ehansi

下麵

handle ka

旁邊

exikarhi ka

中間

ndhawu

地點